RÈGLEMENT

RELATIF

A LA LOCATION DES SALLES

DE

L'HOTEL DES VENTES

NOVEMBRE 1892

RÈGLEMENT

RELATIF

A LA LOCATION DES SALLES

DE

L'HOTEL DES VENTES

CHAPITRE PREMIER

Inscription des locations et distributions des salles

Les locations des salles sont constatées et inscrites sur des registres disposés à cet effet.

L'inscription a lieu de trois manières :

1° D'office ;

2° Par les soins du membre de la Chambre délégué, chaque jour ouvrable, à ce service ;

3° En séance de la Chambre, en vertu de ses décisions.

§ Ier. — *Inscription d'office.*

Tout Commissaire-Priseur a le droit de s'inscrire d'office sur les registres des salles pour toute opération de vente, exposition ou arrangement à faire dans les quatre jours, c'est-à-dire le jour même de l'inscription et les trois jours suivants.

Cette inscription doit être accompagnée d'une demande en ratification déposée dans la boîte dont il sera ci-après parlé.

Les ventes faites pour le compte de la Compagnie, sous le nom de

Ventes de la Chambre, s'inscrivent d'office sur les registres des salles, dans tous les délais, par les soins du Comité de la Chambre.

Lorsque la salle sera retenue pour deux jours de vente, le Commissaire-Priseur chargé de la Vente de Chambre, devra faire connaître au Secrétariat, à 3 heures, s'il y a lieu de mettre à louer la salle pour le lendemain.

Le délai d'inscription d'office dans les quatre jours, n'est pas applicable aux ventes dites de réunion, qui ne peuvent être inscrites qu'après le dernier service de distribution des salles, précédant le premier jour où la salle est libre.

§ II. — *Distribution au service journalier.*

Les demandes de location de salles et de leur remise à louer quand il y a lieu, doivent être faites par écrit et déposées dans une boîte fermée, spéciale, se trouvant au secrétariat.

L'ouverture de la boîte est faite chaque jour, à une heure précise, par le membre de la Chambre de service, et, en son absence, par l'agent supérieur de la Compagnie.

Les demandes déposées après une heure précise, sont renvoyées au service du lendemain.

En cas de difficultes imprévues, le membre de service en réfère à la Chambre, et, s'il y a urgence, au Président ou au Syndic.

Les ventes, au point de vue de la distribution des salles, sont de deux natures :

Judiciaires,
Volontaires.

Sont considérées comme judiciaires : les ventes ordonnées ou autorisées par la justice civile ou consulaire, les ventes auxquelles on ne doit procéder qu'en observant des formalités spécialement prescrites par la loi ; les ventes après décès, même volontaires, à la condition qu'elles soient faites sur procès-verbal dressé à la requête des représentants de la succession.

Toute demande de salle doit être signée du Commissaire-Priseur ; elle doit énoncer la nature judiciaire ou volontaire de la vente ; si la vente est judiciaire, elle doit mentionner la circonstance qui lui donne ce caractère ;

dans tous les cas, elle doit énoncer en outre la nature exacte des objets devant figurer à la vente, et, enfin, l'emploi de chaqué jour demandé pour déballage, arrangement, exposition particulière, exposition publique ou vente.

Toute demande n'ayant pas, à défaut de ces indications, un caractère certain et déterminé est considérée comme non avenue.

Toute demande de location de salle pour vente de vins ou liquides, doit indiquer le nombre total de bouteilles à vendre, et le nombre de celles non renfermées en caisses ou en paniers; si ces dernières excèdent le nombre de 1,800 pour la dernière vacation, la salle doit être demandée non seulement pour cette vacation, mais encore pour le lendemain, ce lendemain devant être employé à la livraison ou à toute autre opération que voudrait y faire le Commissaire-Priseur, à l'exclusion des ventes de réunion.

———

Les salles peuvent être retenues dans les délais réglementaires suivants :

Quinze jours à l'avance pour les ventes judiciaires;

Dix jours à l'avance pour les ventes volontaires proprement dites;

Et deux jours seulement à l'avance pour les ventes dites de réunion de meubles, objets d'art, curiosités artistiques, diamants, pierres précieuses, tableaux, dessins, gravures, livres, autographes ou médailles;

C'est-à-dire, selon le cas, pour le quinzième, le dixième ou le deuxième jour venant après celui où la demande est présentée au service.

Par exception et s'il s'agit de ventes judiciaires ou volontaires, d'objets d'art, curiosités artistiques, diamants, pierres précieuses, tableaux, dessins, gravures, livres, autographes ou médailles, faites sur *catalogue contenant, sous des numéros distincts apposés sur les objets avant l'exposition et la vente, et reproduits au procès-verbal, la description de chacun des objets composant la vente,* et soumis au visa du membre de service dans le délai réglementaire ci-après fixé, les salles, autres que celles portant les numéros 2, 3, 4 et 5, peuvent être retenues un mois à l'avance, de quantième à quantième identique, quel que soit le nombre de jours dont le mois se compose.

L'insuffisance du catalogue ne remplissant pas les conditions ci-dessus, entraîne les conséquences ci-après prévues du changement de destination de la salle.

Les ventes dites de réunion doivent rester en dehors des dispositions ci-dessus, et pour ces sortes de ventes, les salles ne peuvent être demandées, qu'il y ait ou non catalogue, que dans le délai de deux jours, les dimanches et jours fériés ne comptant pas.

Toutes réunions de salles ne peuvent être accordées au service journalier, mais seulement par délibération de la Chambre, sauf le cas d'inscription d'office.

Lorsque plusieurs demandes de la même salle sont faites en concurrence, la préférence est accordée à celle faite pour le jour le plus prochain, quels que soient le nombre de jours demandés et la nature de la vente.

Lorsque plusieurs demandes pour ventes judiciaires et volontaires se trouvent en concurrence pour le même jour initial, la préférence est accordée aux ventes judiciaires.

En cas de concurrence pour le même jour initial, entre plusieurs demandes de même nature, la salle est tirée au sort entre les demandeurs.

Les demandes subsidiaires, pour ventes de toute nature, sont primées par les demandes principales faites pour le même jour initial ; elles priment, au contraire, ces demandes principales lorsqu'elles sont faites pour un jour plus prochain.

Les salles demandées subsidiairement doivent être accordées ou tirées au sort, suivant l'ordre dans lequel elles sont portées sur les demandes.

Les salles ne peuvent être accordées pour les ventes volontaires dites ventes de réunion, que pour un jour seulement, et deux jours si le jour initial est un dimanche ou un jour férié.

Lorsqu'une salle est demandée pour déballage, arrangement ou exposition, il ne peut être accordé, au service, qu'un seul jour pour ces déballage, arrangement et exposition.

La salle remise à louer ne peut être accordée à nouveau que le lendemain du jour où la déclaration de remise à louer a été visée par le membre de service, sauf cependant le droit à l'inscription d'office dans les quatre jours réservé entier à tout Commissaire-Priseur autre que le locataire originaire de la salle; celui-ci ne peut, dans aucun cas, la relouer d'office.

La cour, à moins de sérieux motifs d'exception spécifiés sur lettre à l'appui de la demande et soumis à l'approbation du membre de service, ne peut être retenue ou accordée que pour les ventes d'animaux, voitures et objets encombrants.

Les ventes par autorité de justice, sans adjonction, s'y feront aussi quand il n'y aura plus de salles libres.

Dans aucun cas, les salles numéros 19 et 20 et la cour ne peuvent être retenues d'office ou accordées pour les ventes volontaires, dites ventes de réunion, et, sous aucun prétexte, il ne peut être adjoint aux ventes qui y sont faites, des objets appartenant à des marchands, quels qu'ils soient.

§ III. — *Distribution en séance de la Chambre*

La Chambre, en séance, a tout pouvoir pour accorder les salles sur demandes appuyées de documents justifiant l'importance ou l'urgence des ventes à effectuer.

Les demandes adressées à cet effet à la Chambre, doivent être déposées au secrétariat, deux heures avant l'heure fixée pour l'ouverture des séances.

Lorsqu'une salle aura été obtenue dans les conditions qui précèdent, pour une vente déterminée, le prix total de location sera augmenté de 2/10e.

Il ne peut être adjoint à une vente pour laquelle une salle a été accordée par délibération de la Chambre, aucun objet qui y soit étranger. Toute infraction à cette disposition, est considérée comme un changement de la destination de la salle et en entraîne les conséquences.

Si, un Commissaire-Priseur ayant obtenu une salle par délibération de la Chambre, demande au service journalier, un ou plusieurs jours pour continuation de la même vente, il ne peut être fait droit à cette demande qu'autant qu'elle se trouve dans les délais et conditions du règlement.

Si, dans le même cas, la demande a pour objet un jour supplémentaire d'arrangement ou d'exposition, elle doit être rejetée par le service journalier et renvoyée à la Chambre, sauf le cas d'inscription d'office.

CHAPITRE II
Conditions d'ordre

I. — Lorsqu'une salle a été retenue d'office, ou inscrite au service pour une vente judiciaire, il est permis d'y adjoindre d'autres ventes de même nature et même une ou plusieurs ventes volontaires (*à l'exception des ventes dites de réunion*) faites par le même ou par plusieurs Commissaires-Priseurs, à la condition, pour les ventes volontaires, que, par chaque vacation, le nombre total de leurs lots n'excède pas la moitié du nombre total des lots judiciairement vendus. Si cette limite est dépassée, le prix de location de la salle est doublé.

II. — Lorsqu'il est procédé, dans une même salle, par un ou plusieurs Commissaires-Priseurs, à plusieurs ventes, il doit être apposé à la porte de la salle autant d'affiches distinctes qu'il y a de ventes judiciaires ou dénommées même par une simple initiale et, en outre, une affiche désignant exactement les objets vendus volontairement sans aucune indication du nom de leur propriétaire.

III. — Tout catalogue de vente à effectuer, soit à l'Hôtel, soit en ville, doit être déposé au secrétariat, au plus tard, le troisième jour précédant le premier jour de vente ou d'exposition, s'il y en a une, avant une heure précise, pour être soumis au visa du membre de service. Il doit être déposé au nombre de dix exemplaires s'il s'agit d'un catalogue de dessins, gravures, livres, autographes ou médailles, et de cinq exemplaires seulement s'il s'agit d'un catalogue ne comportant pas d'objets de cette nature.

IV. — Toute demande en dégrèvement d'un prix de location de salle, ou d'un double droit de location, doit être adressée à la Chambre, et précédée du paiement de ce prix ou de ce double droit justifié par quittance.

En cas de remise, par la Chambre, du double droit, ou du simple prix de location de la salle si la salle mise à louer a été occupée, il sera retenu 10 °/₀ de la somme remise.

V. — Les salles de l'Hôtel étant spécialement destinées aux ventes publiques mobilières faites par les Commissaires-Priseurs, ne peuvent être détournées de leur destination, et consacrées à un autre usage.

VI. — Elles ne peuvent être louées qu'à des membres de la Compagnie, dans les formes ci-dessus prescrites.

VII. — Le Commissaire-Priseur locataire ne peut céder la salle à lui louée à un autre membre de la Compagnie ; dans le cas où, par une circonstance quelconque, il n'en aurait pas l'emploi, il devra la remettre à louer dans la forme indiquée ci-dessus.

VIII. — Aucune marchandise neuve ne peut être introduite dans les salles de vente, en contravention à la loi du 25 juin 1841 ; l'agent supérieur de la Compagnie pourra demander toute justification à cet égard, et refuser l'entrée des objets qui auraient le caractère de marchandise neuve. En cas de difficulté, il en sera référé au membre de la Chambre de service.

IX. — Si, par suite du rejet de tout ou partie des objets mobiliers introduits dans une salle dans le cas prévu au § VIII ci-dessus, ou pour toute autre cause provenant du fait du Commissaire-Priseur ou de ses agents, la vente pour laquelle la salle avait été retenue n'avait pas lieu, le prix de location et le double droit dont il sera question ci-après n'en seraient pas moins dus.

X. — Les déballages, arrangements ou ventes ne peuvent, sous aucun prétexte, se prolonger le soir au delà de 11 heures et demie précises.

Les vacations de vente du soir ne peuvent avoir lieu, dans une salle de l'Hôtel, que lorsqu'elles sont la continuation d'une vente faite, dans la journée, dans cette même salle.

XI. — Toutes salles retenues, soit pour expositions, soit pour ventes, devront être ouvertes aux heures précises indiquées par les affiches et insertions ; elles le seront, par les soins de l'agent supérieur, même en l'absence du Commissaire-Priseur ou de ses employés.

XII. — Tout Commissaire-Priseur procédant à une vente dans l'une des salles de l'Hôtel ne pourra, sous aucun prétexte, après en avoir fait fermer les portes, rouvrir cette salle pour y continuer la vente.

XIII. — Il est expressément défendu de fumer dans l'intérieur des salles, même lorsqu'elles ne sont pas ouvertes au public.

XIV. — Les membres de la Chambre, ainsi que l'agent supérieur de la Compagnie, auront toujours entrée dans les salles, avant comme après leur ouverture au public, et même durant les arrangements et expositions.

XV. — Tout commissionnaire appelé dans une salle de vente pour y faire, à titre d'aide ou autrement, les travaux de peine occasionnés par les arrangements, expositions ou ventes, devra faire partie des commissionnaires attachés au service spécial de l'Hôtel, et reconnus à ce titre par la Chambre.

Aucun commissionnaire ne sera attaché à une salle ou à un service particulier.

XVI. — Les statues, coffres-forts, boiseries, ferraille, fourneaux, machines et autres objets qui, par leur nature, leur volume, leur poids ou leur aspect, pourraient encombrer les salles, les dégrader ou compromettre la sécurité du public, ne seront point admis dans les salles de vente, lors même qu'ils feraient partie d'un mobilier pour la vente duquel elles auraient été retenues. Ces objets ne pourront être vendus que dans la salle n° 18 ou dans la cour.

XVII. — Toute personne apportant des meubles ou objets mobiliers dans une salle, pour y être exposés ou vendus, ne pourra séjourner dans la dite salle que pendant le temps nécessaire pour y déposer et faire reconnaître les dits meubles et objets.

Cette disposition est surtout applicable aux personnes connues pour apporter habituellement des effets mobiliers dans les ventes dites de réunion. Elle ne concerne pas les héritiers ou autres parties intéressées que le Commissaire-Priseur voudrait admettre dans la salle, avant ou après la vente, non plus que les personnes qui désireraient voir particulièrement les objets, avant leur mise en vente, et qui seraient introduites à cet effet avec l'agrément du Commissaire-Priseur, locataire de la salle.

XVIII. — Tout Commissaire-Priseur locataire d'une salle doit s'assurer de la propreté et du bon état de cette salle ainsi que du mobilier qu'elle comporte.

XIX. — Tous travaux nécessités dans l'Hôtel par la réunion des salles et leur remise en état restent à la charge du locataire des salles.

Le règlement des ventes ayant lieu dans l'Hôtel, spécialement de celles dites de réunion, ne peut être fait dans les salles, que jusqu'à 7 heures 1/2, en présence du Commissaire-Priseur, et il doit être terminé à l'étude et non ailleurs.

Toute infraction entraînera la responsabilité du Commissaire-Priseur, sans préjudice des mesures qui pourront être prises contre tout Clerc faisant partie de la Société des Clercs.

CHAPITRE III

Prix de location des Salles

Le prix de location des salles est, pour chacune, fixé et déterminé par la Chambre.

Ce prix, lorsqu'une vente est précédée de plusieurs jours d'exposition, n'est pas modifié pour le dernier de ces jours ; il est augmenté de moitié pour les autres jours d'exposition.

Par exception, le prix de location des salles réunies reste toujours le même, sauf les cas prévus ci-après.

Le prix de location de toutes les salles, sans en excepter même la cour, est porté au double de celui qui serait perçu conformément aux dispositions qui précèdent, lorsque le Commissaire-Priseur locataire de la salle en change la destination indiquée sur sa demande et constatée sur les registres, ou s'abstient de l'occuper, ou l'a remise à louer, si la salle n'a pas été relouée ensuite ; si la salle a été relouée, le locataire originaire doit néanmoins en payer le prix de location.

Le prix de location est doublé lorsqu'un Commissaire-Priseur procède dans une salle sans être au préalable régulièrement inscrit pour l'occuper.

Lorsqu'il s'agit d'une salle à prix proportionnel, le prix le plus fort sert de base à la perception du droit et du double droit dans les cas qui viennent d'être prévus.

Le prix de location est également doublé lorsqu'un Commissaire-Priseur procède dans la cour et dépasse les limites fixées pour chacune des parties de la Cour.

CHAPITRE IV

Tarif de la location des Salles

(Voir le Tableau d'autre part.)

TARIF DE LA LOCATION DES SALLES DE L'HOTEL DES VENTES

NUMÉROS DES SALLES	DESTINATION DES SALLES		PRIX DE LOCATION		
			Du 1er Octobre au 30 Juin	Du 1er Juillet au 30 Septembre — Avec éclairage 1/10es en plus	En tout temps pour soirée de déballage, arrangement ou continuation de vente
Premier Étage					
N° 1	Pour toutes ventes.		90	65	26
N° 2	Id.		70	50	20
N° 3	Id.		50	35	14
N° 4	Pour ventes judiciaires, avec ou sans adjonction de ventes volontaires dans les conditions du règlement relatif à la location des salles, et si les produits totaux, 5 °/₀ compris, n'excèdent pas ensemble 2,000 francs.		28	20	12
	Pour toutes autres ventes.		40	30	
N° 5	Pour toutes ventes.		55	40	16
N° 6	Id.		85	60	24
N° 7	Id.		55	40	16
N° 8	Id.		50	35	14
N° 9	Id.		50	35	14
N° 10	Id.		55	40	16
N° 11	Id.		70	50	20
Nᵒˢ 5 et 6	Salles réunies. . . .	Sans exposition ou précédées d'un seul jour d'exposition. . . .	150	150	40
	Pour toutes ventes. .	Précédées de plus d'un jour d'exposition.	200	200	50
Nᵒˢ 7 et 8	Salles réunies. . . .	Sans exposition ou précédées d'un seul jour d'exposition. . . .	110	110	30
	Pour toutes ventes. .	Précédées de plus d'un jour d'exposition	150	150	40
Nᵒˢ 9 et 10	Salles réunies. . . .	Sans exposition ou précédées d'un seul jour d'exposition. . . .	110	110	30
	Pour toutes ventes. .	Précédées de plus d'un jour d'exposition.	150	150	40
Nᵒˢ 9, 10 et 11	Salles réunies pour toutes ventes (prix unique).		250	250	70
Rez-de-Chaussée et Soubassements					
N° 12	Pour toutes ventes.		63	45	18
N° 13	Id.		49	35	14
Nᵒˢ 14 et 17	Pour ventes judiciaires, avec ou sans adjonction de ventes volontaires, dans les conditions du règlement relatif à la location des salles, et si les produits totaux, 5 °/₀ compris, n'excèdent pas 2,000 francs.		28	20	12
	Pour ventes judiciaires, comme ci-dessus, de 2,000 francs à 3,000 francs, et pour toutes autres ventes n'excédant pas 3,000 francs, 5 °/₀ compris.		35	25	
	Pour toutes ventes excédant 3,000 francs.		42	30	
Nᵒˢ 15 et 16	Pour ventes judiciaires, avec ou sans adjonction de ventes volontaires, dans les conditions du règlement relatif à la location des salles, et si les produits totaux, 5 °/₀ compris, n'excèdent pas 2,000 francs.		21	15	10
	Pour ventes judiciaires, comme ci-dessus, de 2,000 francs à 3,000 francs et pour toutes autres ventes n'excédant pas 3,000 francs, 5 °/₀ compris.		28	20	
	Pour toutes ventes excédant 3,000 francs.		35	25	
N° 18	Pour ventes judiciaires n'excédant pas 3,000 francs, 5 °/₀ compris.		42	30	16
	Pour toutes autres ventes, sauf celles des volatiles. . . .		56	40	
Nᵒˢ 19 et 20	Pour toutes ventes dans les conditions du règlement.	Si les produits totaux, 5 °/₀ compris, n'excèdent pas 1,000 fr. .	14	10	8
		Si les produits totaux, 5 °/₀ compris, dépassent 1,000 fr. sans excéder 2,000 fr.	21	15	
		S'ils excèdent 2,000 fr.	28	20	
N° 21	Pour ventes judiciaires de gravures, livres, médailles, curiosités, à l'exclusion des meubles, avec ou sans adjonction de ventes volontaires dans les conditions du règlement et si les produits totaux, 5 °/₀ compris, n'excèdent pas 1,000 francs.		14	10	8
	Pour ventes judiciaires d'objets quelconques, à l'exclusion des meubles, dans les conditions ci-dessus, et si les produits totaux, 5 °/₀ compris, dépassent 1,000 francs sans excéder 2,000 francs.		21	15	
	Pour toutes autres ventes.		28	20	
Cour	Pour toutes ventes dans les conditions du règlement.	Si les produits totaux, 5 °/₀ compris, n'excèdent pas 1,000 fr. .	14	10	8
		Si les produits totaux, 5 °/₀ compris, dépassent 1,000 fr. sans excéder 2,000 fr.	21	15	
		S'ils excèdent 2,000 fr.	28	20	

CHAPITRE V

Dispositions complémentaires du Tarif de la location des Salles

En outre du prix de location des salles ou de la cour, il est perçu pour frais d'étiquettes, 1 franc par jour de vente.

S'il dépend d'une vente faite dans une salle, des objets qu'il soit convenable ou nécessaire de vendre dans la cour, il est, en outre du prix de location de la salle, perçu pour chaque lot de vente de ces objets, un droit de 0,50

Ce droit, s'il s'agit de voitures à bras, d'ânes, chiens et de petit bétail, est fixé pour chaque voiture à bras, ou tête d'animal, à . . . . 1. » par jour d'Exposition

S'il s'agit d'autres voitures, de chevaux, de gros bétail, d'objets volumineux et encombrants, il est, pour chaque voiture, cheval, tête de gros bétail ou objet encombrant, fixé à . . . . 5. » ou de Vente

Le droit de 1 franc par voiture à bras, âne, chien ou tête de petit bétail, et celui de 5 francs par voiture, cheval, tête de gros bétail ou objet encombrant, est également perçu sur ces divers objets et animaux lorsqu'ils dépendent d'une vente faite dans la cour, comprenant des objets de diverses natures. En ce cas, le droit de location de la cour se perçoit en ajoutant au droit dû à raison du produit du surplus de la vente, le droit dû pour les voitures, animaux ou objets encombrants qui en dépendent.

Si la vente faite dans la cour, se compose uniquement de voitures à bras, voitures, chevaux, bestiaux ou objets encombrants, il n'est perçu pour droit de location que le total des droits ci-dessus fixés pour ces objets ou animaux.

Si la vente ne comprend, en outre de ces objets encombrants ou animaux, que des harnais, ustensiles d'écurie et animaux de basse-cour, il n'est perçu, outre le dit total, que 0 fr. 50 par lot de vente de ces derniers objets ou animaux.

Les volatiles ne peuvent être vendus que dans la salle n° 18 ou dans la cour. Pour toute vente de volatiles faite dans la salle n° 18, il est dû aux commissionnaires une indemnité de 10 francs pour nettoyage.

Les chevaux, bestiaux et autres animaux vivants ne peuvent être vendus que dans la cour.

Les vins et liquides ne peuvent être vendus que dans les salles du rez-de-chaussée ou dans la cour, lors même qu'ils font partie d'une vente faite dans une salle du premier étage, à moins qu'ils ne donnent pas lieu à dégustation.

L'escalier réservé de la rue Grange-Batelière pourra être retenu au service, par tout Commissaire-Priseur locataire des salles 8 ou 9.

Le public n'y sera admis que sur présentation des cartes délivrées par les locataires des salles. Les frais de service sont fixés à vingt francs par jour.

CHAPITRE VI

Droits de location applicables aux Ventes par autorité de justice

Le tarif et les droits ci-dessus fixés sont applicables à toute vente par autorité de justice faite dans un local de l'Hôtel spécialement retenu.

Aucune vente par autorité de justice ne peut être précédée d'un ou plusieurs jours d'exposition s'il n'a été retenu une salle spéciale pour y faire cette exposition et y procéder à la vente.

Pour toute vente par autorité de justice faite dans un local de l'Hôtel *non spécialement retenu*, il est perçu, pour tout droit de location, *quels que soient le volume et la nature des objets compris en la vente, 2 °/₀ sur le produit, 5 °/₀ compris, arrondi par centaine*, sans excéder 40 francs par jour.

Si la vente faite dans ces conditions, dure deux ou plusieurs jours, ce droit proportionnel est perçu pour chaque vacation.

On ne considère pas comme vacation l'adjudication faite de quelques lots (dix au plus) pour commencer la vente : le produit de ces lots s'ajoute à celui de la vacation suivante pour la perception du droit proportionnel.

Si une vente par autorité de justice, commencée dans une salle spécialement retenue pour un ou plusieurs jours et libre les jours suivants, se continue le lendemain et jours suivants dans la même salle, il est perçu, pour chaque jour supplémentaire de vente, le prix de la location de la dite salle, à moins que le Commissaire-Priseur, chargé de la vente, ne déclare par écrit, le dernier des jours retenus, qu'il n'entend pas continuer la location : dans ce cas, les objets restant à vendre peuvent être transportés dans toute autre salle libre ou dans la cour ; ils y sont forcément transportés si la salle n'est pas libre après les jours retenus. Les frais de ce transport sont à la charge de la vente. Le droit proportionnel ci-dessus fixé est perçu sur le produit des objets dont il s'agit.

CHAPITRE VII

Location des Soubassements

Les objets vendus dans le soubassement de l'Hôtel ne paieront aucun droit de location, lorsqu'ils feront partie d'une vente opérée dans une salle retenue à l'avance ; ils seront considérés comme conséquence de la dite vente, et calculés avec l'ensemble de la vente, si la salle louée donne lieu à un droit proportionnel.

Ils seront soumis à un droit de 0 fr. 50 cent. par lot, lorsqu'il n'aura pas été retenu de salle.

Toute infraction au réglement relatif à la location des salles entraîne le paiement du double droit sans restreindre l'action disciplinaire de la Chambre pour la répression des abus et sans préjudicier en quoi que ce soit, à cette action.

Le présent règlement sera mis à exécution à partir du 10 novembre 1892.

28007 Imp. A. Maulde et Cie, rue de Rivoli, 144, Paris.